LETTRE POLITIQUE

A

M. LE DUC DE RICHELIEU.

DE L'IMPRIMERIE DE P. GUEFFIER,

RUE GUÉNÉGAUD, N° 31.

LETTRE POLITIQUE

A

M. LE DUC DE RICHELIEU,

Président du Conseil des Ministres ;

Par M. A — : ROUSSEAU.

A PARIS,

Au Palais-Royal, et chez les Marchands de Nouveautés.

Juin 1820.

M. LE DUC,

QUAND *le peuple a une fois de bonnes maximes,
il s'y tient plus long-temps que ce qu'on appelle
les honnêtes gens* : c'est une pensée de Montesquieu, il n'est pas inutile de la reproduire aujourd'hui ; on la dirait oubliée.

Votre Excellence devine déjà que je m'afflige
de notre situation présente ; peut-être pense-
t-elle qu'impitoyable aristarque, je viens signaler à la haine publique les hommes qui
semblent s'efforcer de r'ouvrir l'arène des ré-
volutions.... Point du tout. Faire un appel
aux passions de la multitude, c'est courir le
risque de marquer des victimes, et me semble
chose aussi indigne de la loyauté, que de louer
qui n'a pas des droits à l'estime commune.
Loin de moi, donc, la pensée d'attaquer violem-

ment qui que ce soit ! Je veux relever des principes trop imprudemment méconnus, dire des
vérités ; telle est la tâche que je m'impose, et
que vraisemblablement j'eusse laissée à d'autres,
s'il n'y avait, dit-on, quelque danger à la rem-
plir.

Pour arriver à l'appréciation de l'état actuel
de la France, il me faut revenir sur le passé ;
je voudrais n'être pas prolixe.

Durant trois années, à propos de Chambre
nationale, on nous a beaucoup parlé *d'opinions
exagérées, de droite extréme, et d'extréme gauche.*
Tout esprit judicieux n'a pu voir dans ces pué-
riles distinctions qu'une façon adroite de faire un
compliment à la majorité législative.... On a
mille fois, aussi, répété que la raison se tenait
dans un juste milieu : autre délicate attention !
Mirabeau, il est vrai, émit dans son temps une
idée pareille ; mais ce grand orateur, tant ca-
lomnié et si digne d'éloges, pensa-t-il jamais
que dans un pays constitué comme l'est la
France en ce moment, il fût possible de dési-
gner des opinions par ces mots, *exagérées* et *juste
milieu.* Assurément non : dès qu'un cercle est
tracé, il s'agit de s'y placer ou de n'y point être ;
en d'autres termes, de se déclarer citoyen ou
factieux.

Ceci ne peut s'entendre d'une manière absolue que par rapport aux *principes* ; on les nie, ou on les reconnaît pour les mettre en action ; quant aux inductions qui en découlent, la divergence d'avis est permise : c'est un jugement sur le *beau* ; l'imagination fait tout. C'est sur ces *inductions seules* qu'une controverse s'engage légitimement ; en cela, chacun doit chercher sa sécurité dans l'axiôme suivant : *Du choc des passions opposées, du conflit des erreurs même, jaillit souvent la vérité.*

Ainsi l'inviolabilité du monarque, la liberté des personnes et de la presse, la protection due aux cultes divers, l'égalité, étant consacrées par la Charte, sont au-dessus de toutes discussions parlementaires. Il est de l'essence de ces droits d'exister tels qu'on les conçoit généralement, ou de n'être plus. Qui les détruit est coupable.]

Peut-être à l'égard de la *suspension*, vous attendez-vous à des développemens. Ils sont inutiles. Je dirai seulement qu'en matière de droits il n'est point de moralistes qui aient essayé d'établir *des différences*, pour assigner à chacun d'eux un caractère particulier. Or, entre choses de même nature et parfaitement identiques, les catégories sont des absurdités. Pour rendre l'argument sans réplique, il suffit de se retourner vers la fiction constitutionnelle qui place au rang des droits nationaux l'inviolabilité de la couronne. Qu'on se la figure un instant suspendue! Il ne se faut pas récrier : Une régence rend l'hypothèse possible.

Je sais qu'à propos d'imprimerie et de liberté individuelle, on a naguères entassé force sophismes; un de vos collègues même, M. le Duc, se faisant gloire d'une franchise jusqu'alors inconnue, a déclaré demander *l'arbitraire pur;* et à qui le demandait-il, cet arbitraire? Quelle pitié! C'est comme si l'on s'adressait à l'un des fils de Mahomet pour obtenir le chapeau de cardinal; il n'a pas le droit de l'accorder.

Halte-là! s'écrie votre Excellence; vous attaquez ici l'autorité constitutionnelle des Chambres et du Roi...... Erreur, M. le Duc ! — D'abord, le chef suprême de l'Etat est, par la loi fondamentale du royaume, placé dans des régions tellement élevées, qu'il plane majestueusement hors de toute atteinte, hors de tout débat. Si je me permets jamais de porter mes regards sur le trône, ce ne sera que pour contempler un diadême et des vertus, que pour recevoir des ordres ou déposer des vœux.

Avec une franchise égale je parlerai des Cham-

bres ; elles concourent à la confection des lois :
qui le veut ainsi ? la constitution de l'Etat. Or,
la Charte est à-la-fois le principe créateur et de
leur pouvoir et de mon obligation d'obéir. Le
droit et le devoir ont ici commune origine......,
ce ne serait sans doute pas forcer le raisonnement, que de soutenir l'indivisibilité de l'un et
de l'autre ; je me borne, toutefois, à retracer un
précepte de logique : *que jamais le principe ne
dépend des conséquences.*

Voilà une forte brèche au dogme de la souveraineté parlementaire.

Mais examinons, dans leur ensemble, le système et la conduite du ministère. Sans hésita-
tion, premièrement, reconnaissons que toutes
les libertés désirables existent, depuis six ans,
de *droit positif*, en France.

Ont-elles pour cela existé *en fait ?* deux
mots résolvent le problême :

Est-il constant que la force publique soit aux
ordres du pouvoir exécutif ? Est-il constant aussi
que la responsabilité des agens du Roi ait été
jusqu'ici purement illusoire ? Certainement la
réponse de Votre Excellence n'est pas douteuse.
Vous affirmez ; il ne m'en faut pas davantage.
Si vous placez dans mon pays une puissance su-

périeure à la mienne, qui hors du cercle judiciaire puisse agir sur moi, sans avoir à justifier ses actes et sans s'exposer à mes poursuites légales, plus de garantie, plus de condition libre!... On abuse de l'omnipotence, ou on n'en abuse pas : voilà tout. Ce n'est pas là de la liberté selon la Charte.

On doit remarquer cependant quelque différence entre les trois dernières années et 1820. Sous votre prédécesseur, M. le Duc, le *mieux*, du moins, fut long-temps en marche; il allait lentement à la vérité, mais enfin l'espoir rend toujours l'impatience docile. Que l'indication du parallèle des deux époques ne vous paraisse pas un moyen choisi pour donner à ma lettre une couleur de malignité : non, telle n'est pas mon intention; d'ailleurs je suis du nombre des français qui (je commence à le croire) ne furent pas constamment justes envers M. Decazes ; les derniers mois de son administration me parurent un procès tellement sérieux à son habileté et à son caractère, que je ne pus éloigner de grandes préventions. Il n'était pas encore tombé ; sa chute, d'autres revers que sans être brisée ne se rappelle point une âme honnête, les grâces dont il fut comblé, les événemens survenus, la direction prise par le ministère, sont peut-être autant de révélations qui doivent rendre timide la sévérité publique.

Cette observation importe peu, du reste ; il s'agit du système ministériel, et non des personnes. Quelle est donc la situation de la patrie ? D'où viennent cette inquiétude, ces désordres, ces attentats épouvantables ? à l'ombre d'un lis la France se pourrait-elle flétrir ?.... Je cherche la vérité de bonne foi ; l'attention d'un homme d'État ne me saurait être refusée.

La situation de la patrie !.... elle est des plus alarmantes ; personne ne sommeille, les haines se ravivent de plus en plus ; ici, des citoyens sont tombés sous le fer du soldat ; là, peut-être s'organise la rébellion, et partout enfin, à la lueur des vieilles torches de nos guerres civiles, on aperçoit le spectre de la mort s'apprêter à dépeupler la France.

Où chercher la source de tant de maux ? pensons avec Montesquieu : il recommande de donner aux peuples de bonnes maximes, il dit virtuellement dans le passage précité, qu'une fois devenues *croyances*, elles sont un gage assuré de stabilité parfaite.

A-t-on, par conséquent, imprégné la nation de bonnes maximes ?

La Charte fut acceptée avec reconnaissance :

depuis long-temps les droits de l'homme res-
taient endormis sous l'aile de la victoire ; un
premier revers ne pouvait les réveiller. Bientôt,
préparée par toutes sortes d'imprudences, une
catastrophe nouvelle ramena nos princes en exil ;
aux bandeaux des rois les siècles ont attaché
des prestiges ; ils tombèrent tous au champ de
mai..... (1) c'est de là que je veux partir ; la
circonstance de cette cérémonie est importante ;
elle a été, selon moi, trop peu remarquée.

---

(1) Je ne justifie rien ; je ne cherche pas à expliquer
un dogme, qu'il est certainement plus inutile que dangereux de mettre en discussion. C'est un jugement que
je porte sur les effets de la cérémonie du Champ-de-
Mars. Selon moi, la Charte a, par son origine, renoué
la chaîne des temps ; mais elle l'a brisée sous certains
rapports, par exemple, en ce que fille, du *bon plaisir,*
elle a banni son père ; par elle aussi a cessé l'impor-
tance mise jusqu'à ce jour à s'accorder généralement
sur la source des pouvoirs et sur leur transmission légi-
time. La Charte a été octroyée : voilà bien l'exercice
d'un droit antérieur à la Charte. Les Français lui ont
juré obéissance : voilà ce droit avoué. Elle ne rend pas
la couronne élective ; dans son article 74, elle impose
un devoir aux successeurs du Roi ; or, des successeurs
sont reconnus, et dans une monarchie, si la couronne
n'est pas élective elle est héréditaire ; si la loi fondamentale ne règle pas le mode de successibilité, c'est

En effet, les *cent jours* changèrent l'esprit de la nation, des forêts de tombeaux arrosés de nos pleurs s'élevaient à Waterloo, et dans ce péril, dans cette douleur extrêmes, chacun aurait cessé de se croire vaincu, si le drapeau de la liberté ne se fût enseveli avec le drapeau de l'immortelle armée.... Quoi qu'il en soit, Paris devient le camp de l'ennemi : que fait-on pour consoler la France ? que fait-on pour la ramener à la modération ? Est-ce la Charte à la main que l'on détruit les erreurs des uns, que l'on punit les fautes des autres ? Hélas ! on combat de front toutes les idées reçues ; celles sorties victorieuses d'une lutte de cent années deviennent l'objet des attaques les plus violentes ; ce n'est pas tout, la justice, la clémence royale, le pacte social lui-même, sont offerts en holocauste aux fureurs d'une implacable faction.

De nos discussions parlementaires récentes à

---

que ce mode, déterminé par l'usage, la raison, le soin du bon ordre, n'est controversé par personne. D'où la conséquence, que dans l'esprit et le texte de la Charte, se trouve tout ce que réclame la généralité des intérêts. Aussi la constitution est-elle mon *droit positif* en politique. Pourquoi se perdre dans la nuit des siècles ? Les mots ne changent pas les choses.

cet abandon total des principes de la majorité et du droit public, la transition fut brusque; elle fit impression. L'erreur donne de l'éclat à la vérité, surtout lorsqu'elle affecte des formes tranchantes, et les excès révèlent la magie puissante de la force. Ce ne sont pas là des leçons à la manière de Montesquieu; on le sentit: l'ordonnance du 5 septembre conjura un effrayant orage.

A présent semble commencer une ère nouvelle. Le pouvoir paraît un instant résolu à divorcer avec des illusions qui ne séduisent plus personne, pour se jeter, enfin, loin de tous dogmes, dans le droit positif. A l'aurore apparente du règne légal, les cœurs s'épanouissent. A quoi s'attend-on? à voir proclamer les grands principes d'éternelle vérité, à n'entendre parler que des pouvoirs *constitutionnels* du Roi, de l'autorité *contitutionnelle* des Chambres, des garanties *constitutionnelles* des citoyens..... Espérance vaine! toujours un mélange bizarre! et le gouvernement cherche principalement encore sa force dans des préjugés éteints, dans des théories abstraites que des mystiques seuls en politique peuvent accueillir; en un mot, dans un système qui n'a pour frêles étais que l'insouciance ou l'ignorance des peuples. C'en est fait, pour dominer les cœurs il faut rendre hommage à la raison!

Oh! pourquoi méconnaître cette vérité si essentielle à la paix publique, si essentielle à la conservation de la monarchie! c'est là, oui c'est là une des grandes plaies de l'Etat.

L'espoir déçu enfante la défiance : une loi d'élection vient conférer des droits civiques à d'autres qu'aux vieux ennemis de la liberté, et dès-lors tout annonce un but marqué, *l'achèvement hâtif de la révolution*, dans sa *moralité primitive*. La cause nationale brise toutes les digues qu'on lui oppose; elle court de succès en succès; près de gravir le Capitole, elle est arrêtée dans sa marche paisiblement triomphale......... Pourquoi ? Quel motif? Quel prétexte ?

La nomination de l'Isère ! avec le courrier qui l'annonce, l'épouvante est introduit à la Cour.... Je respecte toutes les frayeurs, et ne m'enquiers jamais de la sincérité de ceux qui les conçoivent.

Cependant, qu'il me soit permis de dire un mot de cette nomination. Je n'ai pas pris la peine de consulter les mémoires du temps pour me fixer sur l'existence de tous les torts imputés au prélat élu. J'en sais assez pour blâmer le collége de Grenoble. Or, voici ce que je sais:

que dans des jours de tourmente et de désola-
tion, le représentant dont s'agit n'eut point
assez de fermeté pour protester contre la viola-
tion du pacte social confié à sa garde.

Que de victimes sauvées, si la France eût
compté alors dans ses mandataires, ne serait-ce
qu'une faible majorité d'hommes invincible-
ment constitutionnels ! A cette époque, du
reste, prévalait la doctrine de la souveraineté
parlementaire ; on sait les fruits qu'elle a portés.
Il fallait l'anéantir le 14 septembre 1791 (1). La
remarque n'est pas oiseuse dans ce moment. Qui
peut contester la faillibilité humaine ? Qui peut
nier l'inconstance des volontés ? Toute puissance ne cherche-t-elle pas à s'agrandir ? Dans
les projets ambitieux les écarts sont fréquens ;
les écarts mènent au crime..... Oui, un sage
n'a jamais conçu une autorité sans limites. Les
parlemens doivent s'expliquer seulement dans
le silence de l'acte constitutif, et celui-ci, comme
ceux-là, a pour bornes premières la nature ;
car imaginer une souveraineté *absolue*, soit
qu'on assemble les peuples entiers, soit que le
sceptre vienne d'une délégation, soit enfin qu'on

____

(1) Jour de la promulgation de la Constitution française.

admette des rois-nés, c'est nier tous les droits (chose absurde), c'est faire tout dépendre de la force (chose atroce).

Mais revenons : j'ai donc osé blâmer le département inculpé. Que dire du ministère?

Il faudrait être sévère pour lui faire un crime d'avoir ambitionné l'avantage d'en appeler à la raison d'un pays où, comme l'a dit un estimable écrivain, *les vents glacés des Alpes n'ont jamais rafraîchi l'haleine commune qu'avec l'air pur de la liberté;* mais le but et les moyens sont-ils également dignes d'éloges? je ne saurais le penser. A cette occasion, une scission prononcée a lieu dans la Chambre; d'un côté, prétend siéger un tribunal qui, en dépit de la volonté du monarque, explore le passé, constate un crime, une gazette en main : tribunal qui ne pouvant faire mouvoir le glaive de la loi, récourt à celui de l'ignominie; et de l'autre, s'offrent des députés circonscrits dans la sphère de leurs pouvoirs, prêts à voter sur la validité d'une élection. Dans ces circonstances graves (car il s'agit d'apprendre à la France que les garanties données par la Charte ne sont pas chimériques), on croirait que le gouvernement maintiendra l'assemblée dans les limites de ses attributions, qu'il évitera avec soin même l'apparence d'une inconstitutionnalité : au contraire, les convenances deviennent son pivot; s'il n'ose combattre les argumens pressans de ceux-ci, il caresse les passions de ceux-là ; une question étrangement complexe est soumise enfin.... ; dès ce moment, et non-seulement après, comme l'a dit M. Royer-Collard, l'anarchie pénétra dans la Chambre, et j'ajoute que le ministère ne fut plus qu'un courtisan.

Eluder les lois, ce n'est pas apprendre au peuple à les respecter. Quand les dépositaires du pouvoir n'inspirent plus de confiance, l'Etat est près d'une secousse violente.

Ce n'était pas assez que de voir nos premiers magistrats laisser flotter incertaines, ou tenir d'une main mal assurée les rênes de l'empire ; ce n'était point assez que de nous voir menacés dans la loi qui rendait réel le gouvernement représentatif; la coupe du malheur est intarissable ! un présomptif héritier de la couronne va tomber sous le fer assassin; il n'est déjà plus !!!

Près de son mausolée je me recueille; mais, paroles inutiles ! La royale victime prit soin elle-même, au moment de sa mort, de léguer un deuil durable. Qui succombe en héros, fut toujours pleuré en France. O 13 février ! tu couvris d'un voile funèbre le sol accoutumé

durant vingt années à.l'hymne délirant de la victoire..... Eh bien ! comment répond-on aux pu-
bliques douleurs? Par le plus sanglant outrage.
La liberté est déclarée ennemie de la dynastie
en la personne des citoyens qui la défendent.
Quelle arme pour la malveillance ! Il est heureux qu'elle n'ait pas retourné l'assertion.... Sur
ce point, à la vérité, le Grand Henri l'a rendue
impuissante. Toutefois, je le demande, est-il
sage de forcer un peuple à un instant de médi-
tations là-dessus?

Ainsi, sans me livrer à d'autres recherches,
après avoir établi, d'une part, que la Charte a
institué *sa souveraineté*, en ce sens que tous
les pouvoirs reconnus par elle ne peuvent
porter atteinte aux droits qu'elle consacre; et
de l'autre, qu'il n'a été rien fait pour donner au
peuple des maximes conformes à nos institu-
tions nouvelles (*maximes*), les seules qu'il soit
possible de lui faire accueillir, et qu'au contraire
l'on a constamment opposé des préjugés anciens
au *droit positif*, j'en conclus que le ministère
et les citoyens sont en état moral d'hostilité; que
le système que je fronde est en contradiction
avec l'esprit de la constitution et du pays; de là
j'infère encore que ce système est le principe
de la crise épouvantable où nous nous trouvons

Cette crise épouvantable, pourtant, ne peut-elle être pas niée ? Où voyez-vous, dira-t-on, le signe d'une secousse violente, la mort prête à ravager la France, la monarchie en péril ? Les prétendues fautes que vous venez de dévoiler ne justifient pas vos sinistres appréhensions.......

A mon avis, M. le Duc, ces fautes seules sont plus que suffisantes ; cependant, puisque vous n'êtes pas convaincu, j'ajouterai que je découvre l'abîme profond de nos maux, des dangers qu'on apprécie et qu'on ne saurait décrire ; j'ajouterai, dis-je, que je vois tout cela encore dans la contre-révolution. Et d'abord proclamons deux vérités incontestables : la première, c'est que la civilisation, la dissémination des lumières rendant les Lycurgue impossibles en Europe, il est au-dessus de toute volonté de façonner ma patrie à la contre-révolution ; la seconde, c'est que chacun est habile à connaître en quoi elle consiste.

Déjà ce mot, à magique effet sans doute, a donné lieu à une controverse animée. Les uns ont prétendu que la contre-révolution était faite depuis 1814 ; d'autres, qu'on cherchait à la faire. Les premiers avaient évidemment tort : la Charte le témoigne. Quant aux seconds, pour apprécier jusqu'à quel point est fondée leur assertion, il faut examiner le but de la révolution française.

Si je ne me trompe, les hommes qui présidèrent aux événemens de notre grande époque, ne se proposèrent autre chose que de soumettre la politique aux règles de la morale, de la réconcilier avec le *droit naturel*, et de la fixer selon le *droit positif*; en d'autres termes, de réhabiliter la société dans sa dignité trop long-temps méconnue. Le premier pas qu'ils firent dans la carrière, ce fut de proclamer l'égalité comme base essentielle de toute justice ; ils dotèrent exclusivement le pouvoir judiciaire de cette toute-puissance dont le cabinet fit durant des siècles un si terrible usage contre l'honneur et la liberté des citoyens. Pour assurer sévérité et impartialité à-la-fois, nos régénérateurs instituèrent le jury, et l'indépendance, le hasard dans les choix de ces juges - pairs furent considérés comme ses élémens indispensables. Sans ces deux conditions , en effet, les jurés peuvent n'être que des commissions militaires, organisées par des officiers civils. Près du nouvel édifice social, la représentation nationale se plaça en sentinelle ; elle choisit pour bouclier la liberté de la pensée; un hommage à celle des consciences vint flétrir à jamais les dragons des Cévennes , et tout devait être consolidé par l'organisation de la garde citoyenne , l'abaissement de la puissance romaine dans l'état , et la responsabilité ministérielle.... Voilà toute la révolution. Que nous en reste-t-il ?

Il est des points qu'il serait superflu de débattre ; je me saisis de deux , *l'abaissement de la puissance romaine dans l'état , et l'égalité.*

Personne ne contestera que l'ancien clergé de France n'ait dû son élévation au rang d'ordre formidable dans le royaume, à ses possessions domaniales progressivement accrues par des legs pieux, à son affectation presque exclusive à l'éducation de la jeunesse, à son privilége, non contesté, de mêler à l'enseignement de l'Evangile des doctrines personnelles au St.-Siége ; et enfin , à cette pépinière d'adeptes, sans cesse pullulante, qui, dans de nombreux monastères, ensevelissant leurs vertus civiques, rendaient, pour ainsi dire, de plus en plus indissolubles les liens de servage humilians pour leurs familles.

Eh bien ! M. le duc, n'avons-nous rien de tout cela ? Le clergé devient propriétaire, les legs pieux sont autorisés, les couvens, les monastères renaissent de leurs cendres et se multiplient comme par enchantement ; des congrégations enseignantes surgissent de toutes parts ;

et pour comble, une fourmilière sans domicile connu, sous le nom modeste de *Pères de la Foi*, parcourt en tous sens le territoire français (pourvu d'ailleurs de pasteurs catholiques), et semble vouloir traiter en peuple nomade le peuple le plus civilisé de l'Europe.

A ce propos, et sans m'appesantir beaucoup, qu'il me soit donné d'exprimer un vœu ! Le mandat de tout prêtre est divin sans doute; donc il est illimité de sa nature. Mais celui des évêques, dignité suprême dans la primitive Eglise, aurait-il moins ce caractère distinctif? On ne peut le croire. Comment se peut-il donc qu'il soit reçu pour très-orthodoxe de soumettre ceux-ci à l'autorité temporelle, en ce qui concerne non une limitation dans leurs fonctions, mais bien dans les lieux où elles seront exercées, et que l'on conteste droit pareil par rapport aux missionnaires?... C'est là de *l'absurde*, sans contredit. Effectivement, quand la loi a promis protection égale à toutes les religions, lorsque égale liberté encore est indistinctement assurée à toutes, il jaillit de ce principe la nécessité de fixer les prétentions des sectes diverses; que deviendrait la tranquillité publique, si chacune d'elles lançait à-la-fois des bataillons d'apôtres? Et que deviendrait à son tour l'égale liberté, si une religion pouvait, seule, porter partout et ses dogmes et anathême contre ses rivales ? Contraindre les ministres d'un culte quelconque à élire domicile dans le ressort d'un diocèse ; borner dans ce cercle marqué l'exercice de leurs fonctions apostoliques, tel est le moyen de prévenir des excès et d'arrêter des abus. Alors on ne verrait pas, du moins, se renouveler ces trafics honteusement judaïques, depuis longs jours le scandale de nos cités ; alors aussi on mettrait Rome à l'abri de l'échec que lui valurent au seizième siècle les indulgences mises à prix.... Mais je m'éloignais de mon sujet : j'y rentre. Remarquons bien, néanmoins, que, relativement au clergé, la révolution est loin d'atteindre son but primitif.

. Et l'*égalité* ?.....

Il faut d'abord ne la concevoir que telle qu'elle est dans la Charte. La royauté et la pairie sont des exceptions ; hors de là tout est nivelé.

Il est vrai aussi qu'en matière d'élections la généralité des citoyens ne jouit pas d'avantages égaux. La Charte a parlé : je dois me taire. Mais de ce que la constitution consacre quelques inégalités dans l'ordre politique, suit-il qu'on en puisse créer de nouvelles ?

C'est là l'unique question qu'ait à résoudre maintenant la Chambre des pairs, question, au reste, plaisamment traitée naguères par quelques orateurs députés. Il en est parmi eux qui ont invoqué l'histoire ; c'est une manie dont je ne veux corriger personne, et que personne ne me fera prendre ; il est si peu de citations exactes. Rarement les lieux, les temps et les positions se ressemblent. Quoi qu'il en soit, Servius Tullius a été offert pour modèle, comme si Servius Tullius, dans l'organisation des centuries, avait dû être soumis lui-même à une loi première ; il n'eut pour règle que son génie. Enfin, il n'importe ; en adoptant le principe on se soumet aux conséquences : quels furent donc les résultats de la suprématie patricienne chez les Romains ? *Des haines implacables, des désordres sans cesse renouvelés, le peuple se retirant sur le Mont-Sacré pour, de là, donner la loi à ses oppresseurs ; le peuple obtenant des tribuns, ceux-ci empiétant sur les prérogatives du Sénat et gênant l'autorité consulaire ; et l'ostracisme, ou la Roche Tarpéienne, décimant les privilégiés de Servius Tullius....* Il en faut convenir, l'exemple n'était pas bien choisi ; ce qui me surprend même pardessus tout, c'est qu'il n'ait pas amené seul le rejet de l'innovation proposée. Que n'a-t-on senti combien il est dangereux de placer des rivaux en présence et d'accorder des faveurs aux uns ! Que ne s'est-on , du moins, rappelé Coriolan , à mon avis le plus beau caractère connu , si le fils infortuné de Véturie eût aimé Rome et l'égalité comme il aima sa mère ! Pourquoi ne pas songer encore au vertueux Camille ! Avant de devenir l'émule de Romulus , avant de bâtir comme lui la Métropole du monde , ne l'avait-il pas plus d'une fois sauvée ? On sait les malheurs des deux héros. Qui les mena en exil ? La jalousie plébéïenne. Reconnaissez donc qu'il ne faut point l'exciter.

Au reste, Camille, Coriolan et Tullius se placent aussi naturellement dans nos débats parlementaires, que le brouet noir de Lacédémone dans nos somptueux repas. Ce qu'ils ont fait, ce qui leur est arrivé, ne saurait se reproduire chez nous. Au nom de l'invisible Egérie, Rome se prosterna bien, Rome éleva bien des temples. Qu'un Numa moderne se présente : alors chacun reconnaîtra que les eaux dormantes de la Seine ne peuvent rien emprunter aux flots irrités du Tibre...... Mais ce ne sont là que des digressions ; ce qu'il importe de savoir, c'est que la révolution voulut l'égalité , et que le nouveau code électoral ne la consacre pas.

Ainsi, que reste-t-il à faire pour consommer la contre-révolution ?

Plus de liberté individuelle ; reconnaissance d'une souveraineté autre que celle de la loi fondamentale , en harmonie avec les droits de l'homme, inaliénables et imprescriptibles de leur nature ; asservissement de la presse, clergé propriétaire, congrégations enseignantes, irresponsabilité des agens du Roi, pas de garde citoyenne , dépendance du jury (1) , aristocratie à double vote, tel est le point où nous sommes arrivés..... Ôter ces intérêts moraux à la révolution , c'est ne nous laisser que des crimes , des injustices , ou les hochets de l'empire. A la France ne conviendra jamais pareil héritage !

Ici renaît l'objection banale et incompréhensible qu'on va quérir sur les bords de la Tamise. Suspendre un droit, dit-on, c'est reconnaître son *existence légale*. Etrange argutie ! subtilité ridicule ! Quoi ! il appartient à quelqu'un de reconnaître un droit ? ce mot s'étonne de voir placer à côté de lui le mot *reconnais-*

----

(1) En ce qu'il est à la nomination des Préfets.

sance ; les deux ensemble sont un contre-sens.
Il ne s'agirait alors que de tolérance ; elle blesse.
D'ailleurs, et s'il était permis de traiter gaîment
un si grave sujet, ne pourrait-on pas, réduisant
l'argument à sa plus simple expression, dire :
*Oui , suspendre un droit, c'est reconnaître son
existence , comme Saint-Pierre reconnut que
Malchus avait des oreilles.* Tournez et retour-
nez la comparaison, vous la trouverez exacte.
Votre raisonnement là-dessus n'a pas même le
mérite d'être captieux. Que prouve-t-il au fond ?
qu'on ne peut prendre que ce qui existe......
Je me résume.

S'il est donc vrai, M. le Duc, que je ne me
sois pas mépris sur l'incompatibilité de la gé-
nération présente avec l'organisation sociale des
âges passés ; si l'état actuel de notre législation
est tel que je le rapporte ; si l'éternelle versati-
lité du ministère, l'incohérence des principes
professés par lui, son irrévérence envers les
opinions de la majorité et envers les lois, ont
mis obstacle à la métamorphose indispensable
de théories constitutionnelles en croyances na-
tionales, ayant force de *maximes ,* il est impos-
sible de ne pas voir entr'ouvert l'abîme des ré-
volutions. Je ne veux point sonner l'alarme, la
sagesse du Roi offre des motifs de sécurité ;

mais hors de là , comment concevoir une société à l'abri de dangers imminens , lorsqu'après trente ans de discorde tous les préjugés sont bannis , et qu'on cherche à les ressusciter tous; lorsque l'égalité est la passion dominante chez nous , et que l'on crée une aristocratie à double vote ; lorsqu'une infinité de doctrines plus ou moins opposées se partagent la population , et qu'on ne leur offre pas le droit positif pour point d'arrêt ; lorsqu'il existe des intérêts naturellement ennemis , et que l'on articule les mots *souveraineté parlementaire* , au moment où le parti toujours vaincu semble appelé à ressaisir l'influence politique qui disparut naguère avec tant de fracas ; lorsqu'enfin les dépositaires du pouvoir ravalent dans leurs discours , au titre humiliant de *franchises* , les droits que la nation voudrait tenir de la nature seule , s'il ne lui était doux de les devoir à son Roi.

Quoi que vous en puissiez dire, M. le Duc, il y a là de quoi désorganiser vingt royaumes.

O Dieu! le boulet n'aurait-il respecté ma vie et celle de tant d'autres , que pour nous réserver les périls ignominieux d'une guerre intestine !... mais ne suis-je qu'un visionnaire effrayé? je laisse aux consciences le soin de la réponse.

Après avoir signalé et nos maux et leur cause,

il paraîtrait convenable d'indiquer l'ancre de
salut. Ici je deviens timide , le sentiment de
mon insuffisance me glace ; et d'ailleurs , combien n'est-il pas plus facile de remarquer les
fautes des gouvernans, que de ramener ceux-ci
loin des écueils !

Néanmoins, fort de mes intentions, j'ose
poser en principe qu'en l'absence d'institu-
tions généralement révérées, il ne reste aux
nations *que des hommes*........ Réfléchissez :
pensez-vous, peut-on croire, que la France se
rallie jamais à ceux qui, par des actes récens,
l'ont, pour ainsi dire, déclarée indigne du
régime représentatif? Je suis heureux de vous
faire pressentir que malgré tout, encore, il vous
est donné peut-être de rendre un service à la
patrie.

Que ma conclusion, M. le Duc, ne vous
paraisse pas injurieuse. L'outrage m'est odieux ;
il ne saurait y avoir d'exception pour vous.

N'allez pas croire qu'amant éploré de la
liberté, je vienne intercéder pour elle ; non
certes, elle est au-dessus de tous ses ennemis.
Pour preuve, observez le caractère de la
France nouvelle ; elle ne juge pas des époques
par le nombre des victimes : l'injustice seule la
révolte. A l'apogée de sa gloire militaire même,

le conquérant fameux qui finit ses jours au milieu des mers, ne put se faire pardonner ni la mort du grand citoyen de Saint-Domingue, ni son 13 vendémiaire, ni l'assassinat d'un Condé..... C'est là de la vertu, et l'on sait que chez un peuple vertueux la liberté ne périt point.

D'un autre côté, ne vivons-nous pas au milieu des débris de ces bataillons valeureux qui marchèrent au pas de charge à la conquête du monde? Quel bras nous pourrait asservir? Le bruit des chaînes qu'on nous préparerait, ne serait-il pas le chant du réveil de nos braves? ou bien les murmures de l'homme appréhendant le servage ne produiraient-ils pas sur leurs âmes l'effet du canon d'Austerlitz? Là, ils jurèrent de périr ou de conserver leurs enseignes; de périr ou de faire triompher la patrie. O immortelle armée! la France admira tes succès; à tes revers elle donna des larmes, aujourd'hui elle veut se prosterner devant tes vertus civiques; loin du chêne, le laurier ne nous séduit plus.... Mais que dis-je? Le présent dédaigne l'aide du passé; chez tous les peuples, aux Pyramides comme au Capitole, à Washington comme à Constantinople, le génie du siècle fut toujours commis à la garde du

Temple de Mémoire ; désormais, il ne l'ouvrira chez nous que pour les héros de l'humanité : mes concitoyens aiment la gloire, la liberté ne périra pas !!!

Aussi me rend-elle peu soucieux ; j'ai voulu seulement rétablir des principes, signaler des fautes, prédire des désordres et des malheurs pour qu'on les prévînt.... Ma tâche est remplie. Votre Excellence et le public seront juges de mes remarques et de mes intentions.

Je suis, etc.

* 9 7 8 2 0 1 2 4 6 2 3 3 5 *